Lb 49/712

MÉMOIRE

AU CONSEIL CHARGÉ DE LA SURVEILLANCE DE LA CENSURE,

ET SURABONDAMMENT

AU PUBLIC;

Par Bert,

RÉDACTEUR DU JOURNAL DU COMMERCE.

> Aujourd'hui que le gouvernement peut tout contre le citoyen, ne doit-il pas laisser au citoyen quelque abri contre un pouvoir si illimité ?
>
> (M. le vicomte DE BONALD.)

SE DISTRIBUE GRATIS

A PARIS,

AU BUREAU DU JOURNAL DU COMMERCE;

A LA LIBRAIRIE DE L'INDUSTRIE, RUE SAINT-MARC, N° 107

ET CHEZ SAUTELET ET C., PLACE DE LA BOURSE.

1827.

« Le pouvoir suprême ne semble attentif dans chaque ligne de ses ordonnances qu'à établir des garanties contre la censure elle-même : c'est la leçon d'un père, qui laisse toujours percer sa sollicitude à travers sa sévérité, disons mieux sa prévoyance.

» Les résultats que la censure telle que la voilà promet aux intérêts du pays, aux vraies doctrines constitutionnelles, et à la sincérité des discussions de principes ou de faits, paraissent si peu incertains aux vrais amis de la liberté de la presse que pour eux le triomphe de celle-ci ne date que de ce jour.

» La licence ne vivait que d'imposture ; la censure ne laissera subsister que les réalités.

» Le *Moniteur* ne craint pas de choisir le jour de la publication des ordonnances pour faire devant l'opposition un appel généreux et sincère à la liberté des discussions. Le défi est hardi, si l'on considère la date, et c'est la date même qui en prouve la franchise.

» L'amour vrai de la vraie liberté existe du côté du pouvoir.

» C'est de son gouvernement que la France aura reçu l'enseignement et l'exemple des mœurs constitutionnelles.

« La censure se défendra d'elle-même et par son action : des noms propres sont en avant ; c'est déjà beaucoup, car l'honneur personnel y est engagé, et en France c'est une grande garantie.

» Une commission de surveillance est établie ; elle se justifie, elle se légitime par sa composition seule, car on n'y trouve que des législateurs et des magistrats qui garantissent par leur caractère le respect des libertés légales. »

(*Moniteur* du 26 juin *passim.*)

IMPRIMERIE DE SELLIGUE,
BREVETÉ POUR LES PRESSES MÉCANIQUES ET A VAPEUR,
Rue des Jeûneurs, N. 14.

A M. le Président

et à MM. les Membres composant le Conseil chargé de la surveillance de la Censure.

Messieurs,

L'ordonnance du 24 août qui institue le conseil de surveillance porte que le bureau de censure de Paris lui fera une fois par semaine un rapport sur ses opérations. Il est sans doute dans l'intention de l'ordonnance que le conseil prononce sur ce rapport, en approuvant ou en improuvant ces opérations. Mais comment votre décision serait-elle éclairée, si vous ne receviez de lumières que de la censure elle-même, si intéressée à vous trouver indulgens? L'équité veut que l'autre partie soit entendue.

Cependant l'ordonnance ne trace pas la route à suivre par les journalistes pour vous faire parvenir leurs réclamations. Désirant vous exposer les plaintes des propriétaires et des rédacteurs du *Journal du Commerce* contre le bureau de censure, et mettre sous vos yeux la preuve de l'injustice et de la violence de ses procédés, je vous prie, Messieurs, de me permettre d'invoquer votre autorité pour en obtenir la réparation. Je suivrai les formes qu'il vous plaira de me prescrire.

Je suis, Messieurs, etc.

BERT, *rédacteur en chef.*

Paris, ce 14 juillet.

A M. Bert, rédacteur en chef du Journal du Commerce.

Monsieur, en réponse à la lettre que vous avez adressée au conseil de surveillance, en votre qualité de rédacteur en chef du *Journal du Commerce*, pour demander au conseil « quelle
» route doit suivre le rédacteur du journal pour faire parvenir
» au conseil les réclamations, exposer les plaintes des proprié-
» taires et des rédacteurs du *Journal du Commerce* contre le
» bureau de censure, et mettre sous ses yeux la preuve de l'in-
» justice et de la violence de ce bureau », j'ai l'honneur de vous marquer, de la part du conseil, qu'il suffit de lui exposer vos griefs dans un Mémoire qui sera adressé au conseil de surveillance de la censure, à la chancellerie.

De la part du conseil de surveillance,

Le vicomte DE BONALD, *président.*

Paris, le 10 juillet 1827.

MÉMOIRE

AU CONSEIL CHARGÉ DE LA SURVEILLANCE DE LA CENSURE,

ET SURABONDAMMENT

AU PUBLIC.

Monsieur le Président et Messieurs,

M. le vicomte de Bonald m'a fait l'honneur de me marquer qu'il suffit d'exposer dans un Mémoire les griefs des propriétaires et rédacteurs du *Journal du Commerce*; mais il ne me marque pas si ce mémoire doit être manuscrit ou imprimé. Son silence me laissant la faculté d'opter, je fais imprimer mon Mémoire, et je place mon droit sous la sauve-garde de la publicité. Il faut absolument que quelqu'un me fasse justice des mauvais procédés de la censure : si ce n'est vous, ce sera le public, mon arbitre suprême et le vôtre, Messieurs. Comme vous jugerez, vous serez jugés. Pardon si je prends des sûretés contre vous : ce n'est pas que je doute de vos sentimens personnels; mais j'ai peu de confiance dans le pouvoir que vous exercez. Il me semble que la seule institution de ce pouvoir fait violence à la Charte, aux lois, à l'équité, à la raison, à tout ce que je respecte. Je vois la vertu d'un censeur, ou d'un surveillant de la censure, ce qui est à peu près la même chose, environnée de tant d'écueils, que, si honnête homme que je le suppose, je ne suis pas tranquille. Tenir en tutelle les pensées d'autrui! quelle tâche, Messieurs, et quelle responsabilité! Qui peut se flatter d'être plus sage que tout le monde? Où trouver dans le poste que vous occupez un abri contre les tentations de l'orgueil, de l'intérêt personnel, de l'envie, de l'esprit de cabale, de l'ânerie, et de tant d'autres démons qui obsèdent un malheureux censeur? Daignez m'en croire, Messieurs, les meilleures intentions ne garantissent pas toujours de l'erreur. Vous aussi, vous avez besoin de surveillance : ne cherchez donc pas à vous soustraire à celle du public. Censure et publicité ne peuvent aller ensemble, me direz-vous. Permettez-moi de vous citer un grand exemple.

Malesherbes, vous le savez, fut chargé du périlleux emploi qui vous est confié. C'était en un temps où la liberté de la presse n'était pas reconnue par les lois, et où l'arbitraire était de droit commun en France. Toutefois, Malesherbes ne se crut pas assez homme de bien pour exercer sans contrôle un pouvoir si exorbitant; l'intégrité de sa conscience ne lui parut pas un gage suffisant pour lui répondre de lui-même. Il voulut que sa conduite fût censurée par ceux-là même dont il censurait les écrits. Dans un demêlé qui s'éleva entre lui et les encyclopédistes, à l'occasion de ses fonctions, il déclara que chacun pouvait critiquer en toute liberté les actes de son administration; il promit de ne gêner en rien la publication des plaintes dont il pourrait être l'objet. Vous trouverez les détails de cette affaire dans les Mémoires de l'abbé Morellet. Lisez la lettre de Malesherbes, admirez-y un beau commentaire de l'article 8 de la Charte, qui n'existait pas encore; soyez stupéfaits en voyant un censeur rendre hommage aux vrais principes de la liberté de la presse : hommage sincère, car cette lettre ne ressemble en rien aux articles que la censure fait publier dans le *Moniteur*. La conduite de Malesherbes était conforme à ses paroles : il promettait et il tenait ses promesses. Il respectait le public ; il ne dédaignait pas de soumettre au jugement de ses concitoyens son administration, sa vie entière. Le public lui a rendu respects pour respects.

Quant à MM. les censeurs, quant à vous, Messieurs, et aux ministres qui vous ont institués, je ne sais ce que le public vous doit, mais vous lui prêtez bien des mépris. Je suis forcé de vous associer ici à la censure, car au nombre des actes répréhensibles du bureau que vous êtes chargés de surveiller, il en est beaucoup dont vous avez eu nécessairement connaissance et que vous n'avez pas réprimés. Ainsi vous n'ignoriez pas que le bureau de censure s'était mis en exercice le jour même de la publication de l'ordonnance du 24 juin, et vous avez souffert qu'il violât le premier article du Code civil, qui prescrit un délai de vingt-quatre heures au moins entre la promulgation et l'exécution des lois. Ne dites pas qu'une ordonnance n'est pas une loi ; ce serait une chicane. J'aurais pu légalement refuser de me soumettre le 25 juin à une ordonnance publiée le 25 juin, et que je ne connaissais pas légalement ; mais il ne s'agissait plus de légalité. Un gendarme me notifiait l'ordonnance, il fallait céder à la force.

A la violence a succédé le mensonge. On a fait parler le *Moniteur* pour persuader au public que la presse périodique était libre sous la censure, et que les déclamations violentes, les personnalités, les injures seraient seules interdites. Pendant que le public applaudissait à cette modération, la censure retranchait du *Journal du Commerce* les phrases suivantes, qui ne sont pourtant ni déclamatoires ni injurieuses :

« L'ordonnance qui remet pour la seconde fois en vigueur la loi de censure n'est pas motivée : celle qui fut rendue le 15 août 1824 énonçait des motifs : elle avait été publiée plusieurs mois après la clôture de la session, et l'on pouvait, par conséquent, exciper à tort ou à raison de circonstances graves survenues dans l'intervalle des sessions, et qui rendaient momentanément insuffisantes les mesures de garantie et de répression établies.

» Le ministère n'a pas, cette fois, jugé à propos de faire connaître au public quelles circonstances graves ont mis tout à coup la société en péril dans l'intervalle qui s'est écoulé depuis le 21 juin, jour de la clôture, jusqu'au 24 du même mois, date de l'ordonnance. Ce sera aux chambres à lui demander compte de l'usage qu'il fait aujourd'hui d'un pouvoir que la loi ne lui permet d'exercer que sous des conditions expresses et à la charge de sa responsabilité. »

Voilà comment la censure tenait parole dès le jour de sa résurrection. Vous savez déjà, Messieurs, que les journalistes ont été contraints de l'aider à tromper le public. Défendu de laisser voir par des blancs la trace des ciseaux ; défendu sous peine de suspension et de suppression. De quel droit la censure inflige-t-elle aux journaux une peine que les tribunaux seuls peuvent appliquer dans la limite de la loi ? Mais j'oublie qu'il ne s'agit plus de droit. Bornons-nous à mentionner des faits : or, c'est un fait que la *France chrétienne* a été supprimée, et plusieurs journaux suspendus par l'autorité de la censure. C'est un fait encore que la censure emploie mille ruses pour mystifier le public. Je ne vous rappellerai pas le soin qu'elle a pris de lui cacher la démission de deux de vos collègues et de trois censeurs, et une foule d'autres supercheries que tout le monde connaît aujourd'hui, grâce aux brochures. Mais vous allez voir du nouveau.

Le *Moniteur* publiait presque tous les jours des articles où il louait la sagesse du ministère, la tolérance de la censure et même la bonne conduite des journaux qui ne disaient plus rien. Cependant on ne peut pas toujours parler tout seul : faute d'interlocuteurs, il eut recours aux contradictions fictives, aux hypothèses. *On dira peut-être..... Nous prévoyons une objection..... Soutiendra-t-on que..... Nous répondrons.....* Cette forme s'usa aussi : elle rappelait trop la lanterne de Sosie, et le prédicateur disputant contre son bonnet. Nous lûmes un jour dans le *Moniteur* : « On demande quelles *circonstances graves*, selon les termes de la loi, ont motivé l'application de l'article 4 de la loi de 1822..... Des commentateurs subtils prétendent que la loi veut que ces circonstances aient été imprévues et qu'elles soient nées dans l'intervalle des sessions. » Qui avait dit cela, et quels étaient ces commentateurs subtils ? C'étaient les rédacteurs du *Journal du Commerce* ; et le *Moniteur* répondait au passage ci-dessus, qui n'avait pas été imprimé. Ainsi nous servions malgré nous de compères au mystificateur officiel. Nous voulûmes en vain nous en défendre. Il fallut laisser croire au public que le *Moniteur* parlait à quelqu'un. Cela nous fait présumer que les articles retranchés des journaux sont donnés en communication aux écrivains du *Moniteur*, ou peut-être ces écrivains sont-ils les censeurs eux-mêmes. Voilà l'opinion publique bien édifiée ! Que pensez-vous, Messieurs, d'un tel régime ? Ne le comparez pas à celui de la Turquie : en Turquie, les *citoyens* n'écrivent pas ; mais les bostandgis et les capidgis n'écrivent pas non plus.

Que nous sert, je vous prie, la garantie que le ministère nous a offerte en publiant vos noms et ceux des censeurs ? à en croire *le Moniteur*, des noms si honorables nous répondaient du bon usage que vous feriez du pouvoir arbitraire. Crédules, nous avions accepté ce gage de bonne foi. Nous écrivions :

« Les censeurs, en livrant leurs noms à la publicité, donnent en garantie de leurs actes leur considération personnelle ; c'est-à-dire qu'ils s'engagent implicitement, dans le cas où ils rempliraient leurs fonctions avec iniquité, à perdre quelque chose de cette estime publique dont ils ont droit de se croire pourvus. Quand les citoyens obéissent à un pouvoir discrétionnaire, ils sont heureux que ce pouvoir soit exercé par des hommes qui ont une réputation honorable à risquer. Nous ne connaissons personnellement aucun de ceux qui ont accepté l'emploi de censeur; mais nous présumons que leurs noms ne sont pas des gages sans valeur. »

La censure a détruit notre confiance en supprimant ce passage. Nous avons douté d'abord de l'aveu que signifiait cette suppression. Confesse-t-on qu'on n'a pas de considération à compromettre, d'honneur à perdre? Nous avons cru que notre pensée était mal exprimée ; nous avons tâché de la présenter sous une meilleure forme, et nous avons soumis à la censure cette nouvelle version :

« Ceux qui exercent un pouvoir discrétionnaire ne peuvent donner pour gage de l'équité de leurs actes que la considération dont ils sont pourvus et qu'ils consentent à perdre s'ils remplissent mal leurs fonctions. C'est pour cela que les noms des censeurs ont été publiés. La France, dessaisie pour un temps du dépôt de la liberté de la presse, est nantie de l'honneur personnel des nouveaux dépositaires. »

Nouvelle suppression! Hélas! Messieurs, quelle humilité ! et qu'en devons nous penser? MM. les censeurs ont-ils abjuré tout respect humain? Devons-nous croire qu'en nous défendant de présumer qu'ils sont gens d'honneur , ils se sont fait justice ? Je me sens rougir à cette idée.

Quoi qu'il en soit, la censure n'a pas cessé d'être exercée non seulement dans l'intérêt du pouvoir dont elle est l'instrument, de la faction dont ce pouvoir est la représentation, mais encore au profit de certains amours-propres littéraires (1). Il n'a pas été

---

(1) Si ces messieurs voulaient bien nous faire connaître d'avance leurs affections de coulisses, nous tâcherions de nous y conformer, de ne pas dire trop de bien des acteurs qui leur déplaisent, de ménager les médiocrités qu'ils rehaussent de leurs suffrages; et nous aurions tel égard que de raison à leurs recommandations en faveur de leurs protégés ou protégées. Faute de renseignemens, voyez quelle école nous avons faite dans notre dernier feuilleton, objet des rigueurs censoriales :

« On remarque que, depuis plusieurs semaines, les noms de MM. Huet, Ponchard, Lafeuillade, Féréol, Valère, Chollet, et de MMmes Boulanger, Rigaut, Ponchard, Prevost et Colon, ne paraissent plus sur les affiches de l'Opéra-Comique. Ces noms sont remplacés par ceux de MM. Allaire, Allan, Bouchy, Cave, Génot, Henry, Jamain, Louvet, et de MMmes Bousigue,

permis de trouver mauvais les petits vers de l'auteur de *Fanchon la Vielleuse*, d'appeler Désaugiers le plus *gai et le plus spirituel des chansonniers*, de qualifier d'admirable un poëme de M. de Châteaubriand. Nous avons été mis dans le secret des préférences et des antipathies personnelles de MM. les censeurs; ils nous ont même fait des confidences singulières, inexplicables, parmi beaucoup d'autres qui ne nous ont pas étonnés. Nous avons par exemple trouvé fort naturel qu'ils supprimassent l'analyse d'une brochure intitulée: *Lettre d'un plébéien à l'honorable vicomte de Saint-Chamans*. Cette brochure, il est vrai, est écrite d'un style décent et poli; l'auteur discute de sang-froid une question d'économie politique: il examine et combat cette proposition avancée par l'honorable maître des requêtes, que *les propriétaires oisifs sont doublement utiles*. Quant à nous, qui partageons l'avis de l'auteur, et qui ne croyons pas à la double utilité des oisifs, nous soutenions notre opinion, sans nous attaquer à la personne de

---

Mariette, Ost, Paul, Valence, que nous classons par ordre alphabétique, faute de pouvoir leur donner rang suivant leur mérite, que nous ne connaissons que très-imparfaitement. Le public, surpris d'un changement si imprévu, se demande chaque soir si c'est bien là l'Opéra-Comique, où la foule se portait encore il n'y a pas un mois. Nous pouvons le rassurer pleinement à cet égard. Le théâtre n'a pas changé de place: la direction, l'orchestre, les comparses et les machinistes sont les mêmes; les portes s'ouvrent régulièrement à sept heures et se ferment ordinairement à onze heures; nous avons vu même des curieux qui en sortaient; mais qu'y fait-on? c'est ce que nous ignorerions encore, si quelques personnes dévouées n'avaient été le voir pour nous en instruire.

» Nous savons donc que Mlle Verteuil a débuté lundi dernier par le rôle de la princesse de Navarre de *Jean de Paris*, et que cette cantatrice, fort jeune et fort timide, possède une jolie voix, mais qu'elle n'a pas la moindre connaissance de la scène. On ajoute que les familiers de la maison l'ont accueillie avec intérêt, et que le jugement du public ne lui aurait pas été moins favorable s'il s'était trouvé là.

» On ne parle d'aucune pièce nouvelle à ce théâtre.

» — Les empiriques romantiques ne savent plus quelle étiquette apposer sur leurs drogues. Ils ont commencé par appeler leurs scènes à changement de décors *petits actes*; leurs actes sont devenus ensuite des *tableaux*, plus tard des *journées*; la semaine dernière ces journées étaient des *époques*; avant-hier leurs *pièces* sont devenues des *romans*. On ne sait plus où s'arrêtera leur génie inventif. En attendant, le mot de comédie a été rayé de leur dictionnaire. Ce ne seront désormais que des romans que ces messieurs nous donneront. Les théâtres seront des cabinets de lecture. À la bonne heure! pourvu qu'on y joi-

M. de Saint-Chamans. Si vous voulez bien vous faire représenter notre article par le bureau de censure, vous verrez qu'il est irréprochable. Mais enfin nous concevons très-bien que la censure tienne pour sacrées les opinions d'un de ses amis. Nous ne nous hasarderions pas à mal parler de votre économie politique, honorable M. de Frénilly, qui siégez au conseil, ni de votre philosophie, noble président dudit conseil, non plus que des Mémoires de M. Levacher-Duplessis sur les jurandes et les maîtrises, de la Gastronomie de M. Berchoux, ou de l'épicuréisme de M. J. Pain. Ceux-ci bifferaient nos articles; vous décideriez qu'ils ont bien biffé : rien dans tout cela qui pût nous étonner. Mais ce qui nous étonne, c'est que M. de Saint-Cricq soit mal noté au bureau de censure. L'honorable président du bureau de commerce serait-il menacé d'une disgrâce? Le fait est qu'il ne nous a pas été permis de rendre témoignage de la *franchise ordinaire* de ses opinions et de ses discours en matière commerciale.

---

gne les journaux et la brochure du jour ; ce petit supplément de distraction ne sera pas inutile pour remplir le vide et la longueur des entre actes, pendant lesquels les acteurs ont à changer non-seulement d'habit, mais de visage, et à passer quelquefois d'un hémisphère à l'autre. Le théâtre des Nouveautés a eu vendredi les premières de la *comédie roman* dans une pièce intitulée : *Départ, séjour, et retour.*

Au premier chapitre de ce roman, un jeune soldat, nommé Adrien, vient d'hériter de 100,000 fr.; il devait épouser Thérèse, mais la fortune lui tourne la tête; il part pour Paris avec un intrigant nommé Durand, et après avoir abandonné la pauvre Thérèse, il se lance dans les affaires.

» Second chapitre : Adrien a fait fortune, il donne des bals, il se ruine, et Thérèse épouse un riche banquier qui la laisse bientôt veuve et maîtresse d'une grande fortune. Les jolies filles ne trouvent pas tous les jours des maris aussi aimables, ni aussi généreux.

» Chapitre troisième : Adrien retourne dans son village couvert de haillons et mourant de faim. Thérèse, qu'il avait abandonnée, le reconnaît à peine ; elle quitte ses riches vêtemens et se présente à lui sous les habits de paysanne. Une reconnaissance des plus pathétiques est la suite de cette scène. La bonne Thérèse se rappelle ses premières amours, et l'ingrat Adrien devient son époux.

» Cette pièce, dont la conception est des plus communes, et l'exécution plus que médiocre, a été vivement soutenue par des amis auxquels on ne sait plus aujourd'hui quel nom donner. Ils ont prouvé *unguibus et rostro* qu'elle était excellente à quelques spectateurs indisciplinés ; et les noms de MM. Arago, Duverger et Victor ont été proclamés au bruit de mille et mille bravos. Quand finiront ces saturnales littéraires ? »

Autre sujet d'étonnement. Qui pourra nous dire pourquoi MM. les censeurs ont rogné, dans l'annonce d'une livraison de l'*Isographie*, les lignes que je vais transcrire?

« Voici une lettre de Charles IX ; elle est adressée au duc d'Anjou, son frère, qui venait d'être élu roi de Pologne. Nous conservons l'orthographe :

« Mon frere, Dieu nous a fait la grasse que vous etes ellu roy
» de Polongne. Jen suis i ayse que je ne scay que vous mander.
» Je loue Dieu de bon coeur. Pardonnes moy, layze me garde des-
» crire. Je ne sceay que dire. Mon frere, je avons receu vostre
» lestre ; je suis vostre bien bon frere et amy. CHARLES.

» A monsieur mon frère, le roy de Ponlongne. »

» C'était un prince de vingt-trois ans qui écrivait d'un style si sec et si niais au sujet d'un si grand événement. »

Qu'importe, dites-moi, que Charles IX ne sût pas écrire une lettre ? Eh, Messieurs, si vous avez, vous ou les vôtres, quelque intérêt à protéger sa mémoire, laissez-nous croire qu'il fut seulement imbécile. Les mauvaises actions des princes n'ont pas toutes leur principe dans un mauvais cœur. L'ignorance, la fainéantise, la débauche mêlée de devotion, suffisent dans des temps de troubles pour faire d'un monarque absolu un tyran : il n'en faut pas davantage pour expliquer la Saint-Barthélemi. MM. les censeurs servent mal ceux qui les inspirent. J'ai même peine à croire qu'ils comprennent toujours bien leurs instructions ; sans doute il leur est prescrit de garder de tout dommage la morale publique *dont toujours vous parlez*. Il leur est échappé une grande immoralité : nous leur en avons fait le reproche, en confidence bien entendu. Leurs ciseaux nous ont recommandé le secret ; mais ils ne doivent pas avoir de secrets pour vous.

« La censure, écrivions-nous, est aussi bienfaisante dans sa tolérance que dans sa rigueur. Elle a permis la publication d'une provocation en duel. Ce fait sera produit, au jour de la justice, parmi les témoignages des services rendus par elle à la morale publique. Ce qu'il y a de plus remarquable, c'est que la querelle est survenue à l'occasion de la censure. On sait que des femmes d'une certaine espèce sont charmées que d'honnêtes gens se coupent la gorge pour leurs beaux yeux ; mais a-t-on vu de ces créatures se faire entremetteuses de cartels ? »

Il faut pourtant n'être pas injuste envers MM. les censeurs, et leur passer quelques distractions : ils ont tant et de si respectables intérêts à défendre, sans parler des leurs et de ceux de leurs amis intimes : la gloire de Charles IX, la politique de M. Metternich, la réputation des jésuites de France, celle des volontaires royalistes d'Espagne, celle des capucins de Rome (1), la considération du curé Mingrat, dont le nom est désormais sacré, celle d'un de ses confrères convaincu d'avoir corrompu des enfans, l'honneur du corps entier des ministres, à commencer par Séjan : que de dépôts précieux commis à la garde de la censure, et incessamment exposés à la licence des journaux !

Ce n'est pas en vain et pour l'ornement de la phrase, que je viens de nommer Séjan. Je songeais en l'écrivant à une rognure singulière. Jugez-en s'il vous plaît :

« Parmi les tableaux qui à l'exposition de 1822 parurent fixer davantage les regards du public, on doit mettre au premier rang la condamnation de Séjan, composition historique et savante de M. Apollodore Callet. Le prince éclairé qui régnait alors, digne appréciateur du mérite, non content de joindre son suffrage à celui des connaisseurs, donna des ordres pour qu'au nom du gouvernement on en fît l'acquisition. Son intention était de faire placer ce tableau dans la salle du conseil des ministres ; il voulait qu'il fût sous les yeux des dépositaires du pouvoir une leçon permanente qui les intimidât par l'exemple, ou du moins les rappelât à leurs devoirs s'ils osaient s'en écarter.

» S'il faut aujourd'hui ajouter foi à ce qu'on annonce, ce tableau recevrait une destination bien opposée à celle que Louis XVIII

---

(1) L'article suivant a été retranché du *Journal du Commerce* :

« Les dernières nouvelles de Rome nous informent d'un événement singulier. Il y a environ un an, le R. P. Michera, général des capucins, fut nommé cardinal. Or, aux termes des statuts, il ne pouvait conserver son grade en recevant la barrette ; mais comme il est l'ami particulier du pape, le nouveau cardinal fut dispensé de se démettre du généralat. Ce fut un sujet de scandale parmi les anciens de l'ordre ; les jeunes au contraire applaudirent à cette innovation : il s'ensuivit une espèce de schisme dans la maison principale. Les esprits s'échauffèrent au point que dernièrement, à la suite d'une vive discussion qui s'était élevée dans le réfectoire, les deux factions se jetèrent à la tête les plats, les pots et les bouteilles. Il fallut pour rétablir la paix faire intervenir les carabiniers. Alors les partis opposés firent alliance contre la force armée. Il y eut des blessés et même des morts. Il a été publié une défense expresse de parler de cette affaire sous peine d'excommunication. Aussi n'y a-t-il pas d'autre sujet de conversation dans Rome. »

lui avait d'abord donnée : il serait destiné à faire partie d'un envoi d'objets d'art qu'on prépare pour l'Égypte, en échange des momies et des animaux féroces que le pacha d'Égypte vient de nous envoyer. »

Convenez, Messieurs, que voilà une ample matière à épigrammes pour qui serait en disposition de rire ; mais mon sujet est sérieux ; j'ai hâte d'arriver à la conclusion, et pourtant il me reste à vous exposer beaucoup d'autres griefs. Avant de passer plus loin, je sens la nécessité de soulever d'avance les prétextes dont le bureau de censure essaiera peut-être de couvrir sa conduite. Je suis obligé de deviner ; car je ne serai pas mis en présence de mes adversaires. Je ne puis communiquer verbalement ni avec eux ni avec vous, tandis qu'ils jouiront de l'avantage d'une défense orale contre une partie absente. Ils vous diront, Messieurs, que je choisis malicieusement parmi les articles rejetés les plus innocens, afin de vous persuader qu'ils ont toujours été violens, tyranniques, fantasques ; ils soutiendront qu'ils ont été le plus souvent obligés d'empêcher des publications séditieuses. Eh bien, Messieurs, faites-vous représenter les matières retranchées du *Journal du Commerce*, et si vous y trouvez une ligne vraiment répréhensible, je renonce à toute réclamation. Ils ont rogné plusieurs articles, déjà publiés par des journaux de départemens avec l'autorisation de la censure. J'observe qu'en province la censure est exercée avec beaucoup moins de rigueur qu'à Paris ; soit qu'il faille en rendre grâce à la modération des autorités locales, soit que dans une ville moins grande que Paris les censeurs ne puissent pas si aisément se dérober à la responsabilité de leurs opérations, échapper aux regards du public et aux désagrémens des explications personnelles, se faire escorter par des gendarmes, changer furtivement de domicile. Dans le département du Pas-de-Calais, l'autorité se fondant sur l'article 5 de l'ordonnance de la censure, qui lui laisse la latitude de nommer des censeurs selon les besoins, n'en a point nommé. Ce département aurait-il pour préfet un autre comte d'Orthe ?

Je reviens aux moyens de justification qui pourront être employés par mes adversaires. Si j'en juge par ce que j'entends dire aux *amis de l'ordre*, ils vous tiendront de tels ou de semblables propos : « Quels sont donc ces grands sujets de plainte ? quelques nouvelles soustraites aux commentaires des oisifs ; quelques invectives contre les ministres dont la malignité publique n'aura plus à se repaître. Qu'en résulte-t-il? Les lecteurs de journaux s'ennuient le matin ; mais tout le monde court le risque de s'ennuyer le soir d'un mauvais spectacle. Le remède à ce mal, c'est de ne pas s'abonner aux journaux, et de passer les soirées chez soi ou à la promenade : économie de temps et d'argent. Le dommage est réel pour les seuls journalistes, dont la censure détruit ou amoindrit la propriété : à vrai dire, la liberté de la presse n'intéresse véritablement que ceux qui font métier d'écrire ou d'imprimer. Mais qu'est-ce qu'un petit désordre partiel dans l'ordre général? Si les journalistes sont en effet de bons citoyens, ils doivent le sacrifice de leur propre existence au bien public. Quant au *Journal du Commerce* en particulier, de quoi peut-il se plaindre raisonnablement, soit en son nom, soit au nom de ses abonnés? La censure, en lui interdisant la politique générale, le force à donner plus de place et d'intérêt à l'objet spécial des occupations de ses lecteurs. La censure l'empêche-t-elle de coter le cours des marchandises (1), des effets publics et des changes, d'annoncer les départs et les arrivages des navires, de suivre les mouvemens du cabotage, de publier les traités de commerce? Non sans doute (2). Elle pousse même la tolérance jusqu'à lui permettre de demander des modifications dans le régime des douanes, des réductions dans les tarifs. Elle a laissé passer un article sur les cotons qui sentait furieusement l'opposition, un autre article sur la fabrication des fers, où il réclamait contre les droits imposés à l'introduction des fers étrangers; enfin un troisième article où il frondait, dans l'intérêt de nos raffineries, le système qui exclut à peu près, au profit du monopole de nos colonies, les sucres des autres provenances. Ces articles ont eu les honneurs d'une réfutation en règle dans *le Moniteur*. Il est bien entendu que quand un tel champion daigne entrer en lice avec un journal, il se réserve l'emploi de certaines armes dont l'usage lui est propre. Si *le Moniteur*, poussé à bout par un antagoniste, se retranche *dans la haute sagesse*,

---

(1) Au moment où ce Mémoire s'imprime, nous apprenons que la censure a trouvé à rogner sur la cote des sucres et des cafés. (V. le *Post-Scriptum*.)

(2) Le *Journal du Commerce* a effectivement publié quelques fragmens du traité de commerce entre l'Angleterre et le Mexique; mais il est heureux qu'il ait pris l'avance en insérant, le 15 juin, les stipulations réglées entre la France et la même république sous le titre de *Déclarations*. Cette pièce, si importante pour le commerce français, présentée à la censure par le rédacteur de la *Revue américaine*, a été impitoyablement supprimée.

dans la sollicitude paternelle du gouvernement, dans la Providence qui veille sur nos destinées, nous ne devons pas souffrir qu'on le poursuive dans cet asile inviolable, ni que le journaliste opposant ait raison à outrance(1). Du commerce tant qu'il lui

---

(1) Voici un exemple de la manière d'opérer de la censure en pareil cas. Les mots et les phrases imprimés en *caractères italiques* ont été enlevés avec une dextérité qui ferait honneur aux ciseaux de la découpeuse la plus exercée.

« Nous n'eussions jamais pensé que, même en matière d'intérêts positifs et purement commerciaux, il ne serait pas possible d'entrer en discussion avec les organes *officiels* de l'administration actuelle. La bonne foi et le sens commun sont au moins nécessaires dans ces sortes de débats, *et l'administration vient de nous démontrer que, sur ce terrain comme sur tout autre, elle ne peut pas ou ne veut pas se soumettre à de pareilles conditions.*

» C'est ainsi que son journal du soir n'a pas craint de nous faire dire tout le contraire de ce que nous avions dit, et de nous faire confondre ce que nous avions parfaitement distingué, *en opposition avec l'administration, qui avait tout confondu.*

» Nous avions écrit, par exemple, qu'attendu le peu d'importance du commerce des colonies et la protection exclusive dont il jouit, notre système colonial est vicieux, et le journal du soir nous fait dire « que, selon nous, les hom- » mes sages se refuseront à considérer notre système colonial comme vicieux.»

» Nous nous sommes efforcés d'éveiller l'attention d'une de nos plus riches industries, en lui faisant connaître les efforts et les progrès d'une nation rivale dans la même carrière, mais en rappelant aux fabricans français tout ce qui distinguait encore leurs produits de ceux de leurs rivaux, et leur assurait une supériorité qu'il dépendait d'eux de conserver ; et le *Moniteur* suppose que nous avons déprécié les produits français pour nous confondre en admiration devant les produits étrangers ! Il traduit un témoignage d'intérêt en blâme, un avertissement en trahison, un service en félonie ; et c'est là ce que le journal *officiel* appelle discuter, *ce qu'on oblige son rédacteur en chef de prendre sous sa responsabilité !*

» Comment se résoudre après cela à développer les motifs qui nous forcent à reconnaître une ignorance absolue de la matière dans les articles du *Moniteur* qui nous ont été opposés ? Chaque mot que nous écrirons, ne servira-t-il pas à nous faire attribuer des sentimens, des doctrines et des faits entièrement contraires à ce que nous aurons exprimé ?

» *En matière politique, dès que la censure a été établie, et que nous avons vu les organes officiels de l'administration, armés de toutes pièces, défier bravement au combat les organes de l'opposition, que cette même administration se réservait de désarmer par la censure, nous prîmes la ferme résolution d'écrire comme si la censure n'existait pas, ou de ne pas écrire du tout, plutôt que de nous prêter à ce honteux manége, et de jouer un rôle dans cette ignoble comédie.*

» *Nous espérions lutter à armes égales sur le terrain des intérêts positifs, mais si sur ce terrain la censure s'efface pour laisser le champ libre à la mauvaise foi, c'est qu'apparemment on ne veut pas plus de discussion sur ce point que sur les autres.* »

plait, mais point de politique et point de religion. Attaquer les bases d'un traité de commerce ou de navigation, appréhender une guerre, faire des vœux pour le maintien de la paix, demander que des consuls soient établis dans telle république américaine, que le pavillon de telle autre soit reçu dans nos ports; gémir de l'anarchie qui désole une nation voisine, et interdit à notre commerce le passage des Pyrénées et l'abord des côtes de la Péninsule; réclamer l'exécution des engagemens de l'Espagne envers ses créanciers; se plaindre des lenteurs apportées à la pacification de la Grèce, presser le ministère d'en finir avec le dey d'Alger (1), et de rendre la liberté à notre navigation dans la Méditerranée, devenue, dit-on, un véritable coupe-gorge; énoncer des avis sur les affaires de l'intérieur; parler de l'influence de l'administration municipale sur l'industrie lyonnaise; représenter que la multiplication excessive des couvens retire de la circulation une partie des patrimoines au préjudice de la fortune publique : ce n'est plus du commerce, c'est de la politique, c'est de la religion:

---

(1) Article supprimé :

« Quelles que soient les intentions du gouvernement, dit une lettre de Marseille, le commerce est dans la plus grande anxiété sur le résultat des affaires d'Alger et du Levant; il n'est nullement rassuré par les *monologues périodiques du Moniteur*. Quoi que l'on puisse dire, les intérêts commerciaux sont généralement compromis. Les Français habitant le Levant ne seront peut-être pas aussi heureux que ceux d'Alger, qui ont eu deux heures pour évacuer le pays, quittes pour la perte de leurs propriétés immobilières, qui, ainsi que leurs marchandises, ont été séquestrées.

« Les armemens continuent avec activité dans le port de Toulon; une goelette et deux bricks sont sortis pour aller croiser contre les Algériens; le vaisseau de 74 *le Scipion* sera bientôt prêt à mettre à la voile. Malgré la levée des marins, il en manque; tous les équipages des bâtimens qui arrivent ou sortent de quarantaine sont enlevés; on a même fait partir les jeunes gens qui se disposaient à passer à l'examen pour être reçus capitaines au long cours. On remarque que chaque année la partie de la population qui par sa position et par état devrait se livrer au service de mer, l'abandonne. Tous les enfans des pêcheurs ne suivent pas comme anciennement leur père; ils préfèrent se mettre en apprentissage. C'est une preuve incontestable du peu d'avantage dont jouissent les marins, et du vice de la conscription maritime, dont on n'est libéré que dans un âge fort avancé. La pénurie des marins provient également des vingt-cinq mille marins que l'on sait être établis aux Etats-Unis, Mexique, Etats de l'Amérique du sud et Brésil, ou qui naviguent librement et avec de forts gages, tant sous ces pavillons que sous celui du commerce français. »

tout cela est de la compétence exclusive de *la haute sagesse*, *de la sollicitude paternelle* et de *la Providence*. Les industriels, comme on les appelle, ont une prétention ridicule que leurs écrivains ne cessent de flatter. Ils ont la manie de se mêler d'affaires publiques. M. Dudon l'a dit très-sensément : que les épiciers s'occupent d'épicerie ; gouverner l'Etat est l'affaire des hommes d'Etat. Mais cela lit, cela écrit, cela fait des pétitions contre la traite, le droit d'aînesse et la loi de la presse. Ils affluent dans les colléges électoraux ; ils deviennent députés, orateurs : on les voit à la tribune discutant les comptes, le budget, et à propos de finances, ils parlent de tout, comme si tout les regardait. D'où leur vient cet excès de présomption ? c'est qu'ils mêlent des idées politiques jusque dans leurs spéculations de commerce et d'industrie. S'ils expédient pour un pays lointain, ils s'enquièrent comment ce pays sera définitivement gouverné, en colonie ou en Etat indépendant. Forment-ils un établissement dans l'intérieur, ils veulent savoir quels débouchés auront leurs produits, quelles sûretés ils trouveront dans tel ou tel système de gouvernement, quelle protection sous telles ou telles institutions. De là cette curiosité indiscrète dont on se plaint avec raison. N'a-t-on pas vu jusqu'à des papetiers supputer ce que l'imprimerie et la librairie consomment de papier, et puis raisonner sur la liberté de la presse et sur l'art. 8 de la Charte? Que sert au commerce cette prudence téméraire qui prétend soumettre les événemens au calcul ? Le chemin est si facile pour éviter les contre-temps. Aller au jour le jour : acheter et vendre au comptant ; ne point faire de crédit, crainte des faillites ; exporter le plus qu'on peut, importer le moins possible, si ce n'est des espèces métalliques pour l'avantage de la balance : voilà comme on fait de bonnes affaires, petites, mais sûres, et sans avoir besoin de trancher du publiciste et du législateur. »

— Ces doctrines, Messieurs, ne sont-elles pas celles de l'honorable M. de Frenilly qui siége parmi vous, celles de M. de Saint-Chamans, de M. Dudon, de M. de Castelbajac, de M. Syrieys de Mayrinhac, de M. de Corbière, de presque tout le conseil d'état et de la majorité de la chambre des députés? C'est d'après ces doctrines aussi que la censure a opéré sur le *Journal du Commerce*.

Il est passé en règle que toute discussion politique doit être bannie de notre feuille.

Rendrons-nous compte des débats devant les tribunaux, des

plaidoiries et des jugemens? S'il est des matières qui appartiennent de droit à la publicité, ce sont les matières judiciaires. La censure en use d'une étrange façon, et je m'étonne que les tribunaux lui laissent exercer en paix l'espèce de juridiction qu'elle s'est arrogée. Vous la voyez prendre partie dans la plupart des procès, et disposer, suivant ses affections, de ce droit de publicité dont la Charte et la loi ont fait la propriété du juge et des parties. Elle ouvre ou ferme à son gré l'huis de cet immense auditoire où la presse a la faculté d'introduire la France, le monde entier. Elle ne tient aucun compte de la loi du 17 mai 1819 qui exempte les journaux de toute recherche à raison du compte fidèlement rendu des débats et des jugemens; elle se moque de la loi du 10 mars 1822, qui autorise le tribunaux à réprimer l'infidélité et la mauvaise foi des comptes rendus de leurs audiences. Si un accusé est de ses amis, elle supprime tout, accusation, débats, jugement (1); l'accusé lui est-il désagréable, elle laisse subsister l'accusation, et supprime la défense. Quelquefois, elle s'in-

---

(1) Voici un exemple, entre plusieurs autres. Le recit suivant, extrait de la *Gazette universelle de Lyon*, a été retranché des journaux de Paris :

Accusation d'empoisonnement. — *Affaire de M. l'abbé Saladin.*

Dans ses audiences du 21 et du 22 juillet, la cour s'est occupée de l'affaire de M. l'abbé Saladin, accusé d'avoir tenté d'empoisonner M. le curé de Pierrelatte, en substituant au vin destiné à l'office divin une liqueur empoisonnée, qui resta sans effet par suite de la découverte qui en fut faite par un enfant de chœur.

Sur la demande de M. Victor Augier, son défenseur, il a été placé sur le banc des avocats, près de ce dernier, mais entre deux gendarmes. C'est un homme âgé de trente-quatre ans, d'une taille élevée, et ayant la voix très-douce. Sa paleur indique un état maladif; mais il montre beaucoup de calme et de sang-froid. Cette cause a attiré un nombreux auditoire.

Après la lecture de l'acte d'accusation, M. le procureur du Roi a demandé qu'il plût à la cour d'ordonner que la cause serait jugée à huis-clos, par la raison qu'il pourrait résulter des débats des développemens dangereux pour l'ordre et les mœurs; mais la cour a ordonné la publicité des débats.

Voici la déposition de M. le curé de Pierrelatte, telle qu'elle est rapportée par la *Gazette universelle de Lyon* :

M. Piolet, curé de Pierrelatte, a dit : Le 1er octobre dernier, je m'étais rendu a l'église pour célébrer la dernière messe. Pendant que je me revêtais de mes habits sacerdotaux, le jeune Brunat vint me prévenir que le vin dont je devais faire usage se trouvait rouge et verdâtre. Je crus que les enfans de chœur avaient bu mon vin, et l'avaient remplacé par de l'eau malpropre, et je continuai à m'habiller. Cependant le sonneur, qui survint, ayant goûté, dans le creux de

gère de revoir et de corriger le réquisitoire du ministère public, la défense du prévenu. Elle a retranché seulement un passage de la défense de M. Kératry en cour royale ; elle a biffé tout le procès du *Constitutionnel* et du *Courrier*. A l'occasion du procès du *Journal du Commerce* en première instance, je crois qu'elle a perdu la tête ; elle a coupé, dans *le Courrier des Tribunaux*, tout le plaidoyer de l'avocat du roi, et elle a mis son visa à l'analyse de la défense. Je reparlerai tout à l'heure des opérations de la

---

sa main, quelques gouttes de cette liqueur, ressentit de violentes tranchées. Ceux qui étaient avec moi dans la sacristie supposèrent que c'était une tentative d'empoisonnement ; et, quand je sus que M. Saladin était le dernier qui eût célébré la messe, je le mandai. Je lui fis part de ce qui venait d'être découvert ; il se troubla, et me répondit : Il me semble en effet que j'ai senti quelque chose après la messe.

La bouteille qui contenait le vin des messes était renfermée dans un placard dont j'avais une clef, ainsi que les autres ecclésiastiques de Pierrelatte et le sacristain. Pendant que j'étais dans l'église, ma domestique vint, et plaça dans ce placard un verre d'eau sucrée, que j'étais dans l'habitude de prendre à la suite de l'office divin, et avant que de faire le catéchisme, dont je suis exclusivement chargé. M. Piolet termine en disant : Ma déposition est l'expression de la vérité, et je souhaite que M. Saladin soit acquitté.

M. le président donne à Messieurs de la cour lecture du procès-verbal dressé par deux docteurs médecins, chargés de l'analyse de la liqueur empoisonnée. Il résulte de ce rapport que le vin contient environ huit grains d'acétate de cuivre (vert-de-gris).

M. Piolet, interrogé sur le motif qu'il présume avoir pu porter M. Saladin à l'acte qui lui est imputé, répond que c'est peut-être parce qu'il a interdit à M. Saladin le droit de confession. Il rapporte encore que, quelque temps avant cette interdiction, il avait reçu par la poste un écrit anonyme, dans lequel on le qualifiait d'*évêque aux dindes* ; et comme, à la suite d'un banquet pendant lequel quelques convives, disposés à la gaîté, l'avaient coiffé d'une carcasse de dindon, M. Saladin l'avait plaisanté à ce sujet, cette circonstance lui donnait à penser que M. Saladin était l'auteur de l'écrit anonyme.

L'accusé est interrogé sur les différentes circonstances rapportées par le curé Piolet. Il cherche à expliquer et à justifier toute sa conduite à l'époque de l'événement ; ses réponses ne présentent rien d'important. Il ne s'exprime pas d'une manière bien correcte ; mais il met beaucoup de réserve et de modération dans ses réponses.

Les dépositions entendues dans le reste dans le reste de la première audience et dans la suivante présentent les faits sous le même jour. Nous ferons connaître la suite de cette affaire.

[1] « Un rapprochement qu'on ne pouvait s'empêcher de faire, dit la *Gazette universelle*, c'est celui de l'accusé, de son défenseur et du lieu où se tenait la

censure dans ce procès. Tantôt elle fait la guerre à des articles de loi (1), tantôt à un article de la Charte. Lisez, messieurs :

« Un vieux pistolet d'arçon ayant été saisi chez un paysan de Leers, cette homme a été traduit devant le tribunal de police correctionnelle de Lille et condamné comme détenteur d'armes de guerre et de calibre, par application de l'ordonnance du 24 juillet 1816. Le jugement ainsi motivé :

« Considérant que l'ordonnance du 24 juillet 1816 a pour ob-

---

séance. En effet, l'accusé est un prêtre, son defenseur est le gendre de M. Pigault-Lebrun, et le lieu de la séance est le temple des protestans, transformé provisoirement en salle de cour d'assises. »

Nota. L'accusé a été acquitté. (La relation complète de ce procès paraît chez Sautelet et comp., place de la Bourse.)

(1) On lit dans le *Courrier du Bas-Rhin* :

« Le *Journal politique et littéraire du Bas-Rhin* a annoncé que le sieur J. Sieffrid, curé Benfeld, avait été *acquitté* ; le *Courrier du Bas-Rhin*, citant l'arrêt de la cour d'assises, a dit que cet individu avait été déclaré *absous*. Plusieurs personnes ayant remarqué cette différence dans les expressions, nous ont demandé si elles avaient un sens différent. Nous nous empressons d'autant plus de répondre à cette question, qu'elle pourrait nous être faite fort souvent dans le compte que nous rendons des decisions judiciaires, et que d'ailleurs il s'agit de satisfaire à l'honneur des principes.

» L'accusé *acquitté* est celui qui est déclaré *non coupable* du fait qui lui est imputé ; l'accusé *absous*, au contraire, est celui qui, bien que déclaré *coupable*, ne peut cependant être atteint par la vindicte des lois, car il est des faits qui, quelque attentatoires qu'ils soient à la morale et à la religion, ne peuvent cependant être punis par les lois. L'accusé *acquitté* est un innocent aux yeux de la loi comme aux yeux de la morale ; l'accusé *absous* est un coupable aux yeux de la morale, mais il échappe à la sévérité des lois, soit à cause de leur insuffisance, soit à cause de leur clemence. Notre loi criminelle a tellement voulu faire sentir la distinction qu'elle ferait entre un *acquittement* et une *absolution*, que c'est le président qui prononce de plein droit l'*acquittement* sur la déclaration de non culpabilité rendue par le jury, tandis que l'*absolution* ne peut être déclarée que par arrêt de la cour.

» Les articles 358 et 364 du Code d'instruction criminelle sont en effet ainsi conçus :

» Art. 358. Lorsque l'accusé aura été déclaré non coupable, le président prononcera qu'il est acquitté de l'accusation, et ordonnera qu'il soit mis en liberté, s'il n'est retenu pour autre cause.

» Art. 354. La cour prononcera l'absolution de l'accusé, si le fait dont il es déclaré coupable n'est pas défendu par une loi pénale.

» Ainsi, dans l'espèce dont il s'agit, le sieur Sieffrid ayant été déclaré coupable sur la première partie de la principale question qui avait été posée au jury, cet individu ne pouvait plus être *acquitté*, mais seulement *absous*, et c'est la cour qui a prononcé sa mise en liberté. »

» jet de pourvoir à la sûreté de l'état; que le roi, en la portant, a
» usé du droit qu'il tient de la puissance souveraine et de *l'arti-*
» *cle 14 de la charte constitutionnelle ;* que S. M. ayant le pouvoir
» de rendre une pareille ordonnance, a pu y attacher pour sa
» sanction une peine sans laquelle l'exercice du droit qui lui est
» réservé deviendrait illusoire. »

Ces motifs sont curieux : la censure a jugé qu'ils l'étaient trop ; cette invocation de l'article 14 de la charte lui a semblé intempestive, et elle a mis au néant le jugement du tribunal de Lille.

Permettez-moi de vous entretenir encore du procès du *Journal du Commerce ;* vous conviendrez, je l'espère, que dans cette affaire MM. les censeurs ont comblé la mesure de la tyrannie. L'éditeur du *Journal du Commerce* est traduit en police correctionnelle; la censure veut bien souffrir que les journaux rendent un compte plus ou moins incomplet, plus ou moins inexact des plaidoiries : un seul est excepté de cette tolérance, et c'est le journal incriminé; c'est à l'accusé qu'on impose silence. Je me trompe, il nous a été permis de copier l'extrait tronqué et falsifié de la *Gazette de France*, c'est-à-dire de mentir à nos lecteurs, à la justice. Heureusement le titre de la feuille dont cet extrait était emprunté, suffirait pour préserver d'erreur la religion du public. Mais ce n'est pas tout; le *Moniteur*, qui n'est plus que le journal officiel de la censure, se charge de suppléer à notre silence forcé. Il donne au plaidoyer de M. l'avocat du Roi plus d'une colonne de sa feuille, et moins de trente lignes à celui de M. Barthe, notre défenseur. Voilà la bonne foi de ces hommes qui ont tant accusé les journaux d'infidélité ! Nous vous en faisons juge honorable, M. de Frénilly, vous, zélé persécuteur de la licence. Veuillez remarquer qu'il s'est écoulé trois jours entre les plaidoiries et le jugement qui nous a condamnés, et considérez les conséquences des publications mensongères des journaux ministériels. Il m'est impossible de ne pas faire ici un rapprochement frappant. M. Kératry et l'éditeur du *Journal du Commerce* sont poursuivis à raison de l'émission de la même doctrine, devant les mêmes juges. La même question reçoit du même tribunal deux solutions contraires. M. Kératry est acquitté, notre éditeur est condamné à trois mois d'emprisonnement. L'un a été jugé pendant la liberté de la presse, l'autre sous la censure. Je n'opine pas, Messieurs, je rapporte des faits pièces en main.

Je m'étonne que le tribunal ne nous ait pas appelés à sa barre, pour répondre de la mauvaise foi de la relation publiée par force dans notre feuille. Il eût été curieux que nous portassions la peine des œuvres de la censure : nous l'eussions subie avec joie : vous le dirai-je? nous appelions de tous nos vœux une accusation. Nous souhaitions que cette occasion nous fût offerte d'appeler en cause les censeurs et vous, pour voir de quel front vous eussiez soutenu en justice le droit que vous vous arrogez de disposer de la publicité des débats judiciaires, de la supprimer, de la fausser selon votre bon plaisir. Si vous étiez parvenus à établir et à faire juger que votre autorité est exempte de toute juridiction, qu'elle ne relève que d'elle-même, que tout ce qui tient à la publicité est livré à votre merci, l'honneur des citoyens, la considération des corps constitués; que tous les délits réprimés par les lois de la presse, vous les pouvez commettre impunément, il eût été bon de promulguer ce nouveau droit public de la France. Déjà la justice a déclaré son incompétence dans une affaire où il s'agissait à la fois d'une infraction à la loi spéciale de la censure et d'un attentat contre la propriété. La *France chrétienne* est supprimée par un acte arbitraire. Le rédacteur revendique le droit de publier son journal en se soumettant à la censure; le propriétaire réclame la restitution de son privilege. Ils ne peuvent trouver ni un huissier qui leur prête son ministère, ni des juges qui puissent les entendre, ni des lois qui protègent leurs droits; et la justice est réduite à s'incliner devant l'omnipotence de la censure. Fut-il jamais un pouvoir égal au vôtre? Ainsi un de vos adversaires politiques aura été diffamé par un de vos journaux; il obtiendra la condamnation du diffamateur; le tribunal ordonnera l'insertion du jugement dans le journal du délinquant; mais la censure défendra cette insertion, et la calomnie subsistera. Une erreur de la justice aura conduit sur le banc des assises un innocent : l'erreur aura été prouvée par la défense, et proclamée par l'arrêt; mais il vous plaira que l'accusation soit publique, et l'acquittement secret, et il sera fait comme vous souhaiterez (1). Que de crimes impunis s'il vous plaît

---

(1) Ajoutons que si un honnête homme veut relever, dans l'intérêt de sa réputation, l'inadvertance involontaire d'un historien, un caprice de la censure fermera les journaux à sa réclamation. Le célèbre violon Alexandre Boucher, en lisant *l'Histoire de la garde nationale*, récemment publié par M. Comte, se voit cité par son nom et son prénom dans une énumération des plus odieux terroristes. L'erreur provenait du rapprochement fortuit des noms des deux in-

de protéger les coupables? Car il est des crimes qui sont révélés à la justice par la clameur des journaux. Qu'un citoyen soit mis aux oubliettes de la police, le ministère public n'en saura rien. Qu'un officier inflige, sans loi et sans jugement, un supplice atroce à un des soldats qu'il commande, les tribunaux ignoreront son crime. Qui sait si cet officier ne sera pas maintenu dans son grade et dans son poste, avec pleine licence de crucifier autant de soldats qu'il voudra. Sont-ce là, Messieurs, des suppositions improbables, chimériques? C'est à vos consciences, à vos souvenirs que je m'en rapporte.

Voilà, Messieurs, quelques uns des effets de la censure par rapport à l'administration de la justice. Les considérations qui précèdent suffisent, je crois, pour détruire ce préjugé que les vôtres s'efforcent d'accréditer, savoir : que la liberté des journaux n'intéresse que les journalistes.

Mais la censure agira, et elle commence d'agir d'une manière bien plus sensible et bien plus générale dans la grande opération qui se prépare en ce moment, je veux parler de la formation des listes de jurés et d'électeurs. Sachez, Messieurs, si toutefois vous l'ignorez, qu'il est strictement interdit aux journaux de faire pressentir au public l'usage qui peut être fait, dès cette année, de la première partie de ces listes pour des élections générales ou partielles. Vous en serez convaincus si vous voulez bien prendre connaissance des fragmens supprimés d'un article destiné au *Journal du Commerce*:

---

dividus, dont l'un s'appelait *Alexandre* et l'autre *Boucher*. Alexandre Boucher adressa aux journaux une lettre pour préserver son honneur de l'effet d'une telle équivoque, et protester contre toute interprétation fautive ou malveillante: il se borne à observer qu'il est né en 1778, qu'il n'avait donc que treize ou quatorze ans à l'époque à laquelle se rapporte le récit de l'histoire, qu'on ne peut présumer qu'à cet âge il ait figuré parmi les complices de Robespierre ; et qu'au surplus, l'individu nommé Boucher dont il est réellement question a expié ses crimes sur l'échafaud.

Cette lettre a été supprimée. Je ne veux pas vous laisser supposer, messieurs, que M. Alexandre Boucher a trouvé dans le bureau de censure quelqu'ennemi de l'harmonie ou quelque virtuose jaloux de son archet. Non ; son aventure n'a rien de commun avec celle de M. Desaugiers. Voici le véritable motif : La lettre mentionnait un ouvrage mis à *l'index*. La garde nationale parisienne a été licenciée : partout sa mémoire doit être abolie, et il n'a été permis à aucun journal d'annoncer que son histoire, écrite par M. Comte, formant 1 vol. in-8°, se vend 6 fr., chez Sautelet, place de la Bourse.

« Quoique la législature septennale soit encore loin de son terme, il est possible que les listes formées cette année servent même pour une élection générale, dans le cas où la couronne exercerait sa suprême prérogative ; et, en tous cas, chaque collége électoral doit se tenir éventuellement préparé à une élection partielle, nécessitée par le décès ou par la démission d'un membre de la chambre actuelle. On peut être assuré que l'administration ne sera pas prise au dépourvu ; elle ne négligera pas ses intérêts. Il ne faut pas que ceux du pays soient compromis par la négligence des citoyens.

» Il importe que, dès à présent, tous ceux qui ont droit de faire partie de la liste électorale se mettent en mesure de produire leurs pièces, etc. »

Suivait l'indication des pièces à produire aux termes des lois du 5 février 1817 et du 29 juin 1820 ; le rédacteur poursuivait :

« Il est à souhaiter que des publicistes, des jurisconsultes, et en général les citoyens qui ont l'expérience des opérations électorales, s'empressent d'éclairer leurs concitoyens et de s'éclairer mutuellement, soit par des écrits, soit par tout autre moyen.

» Nous apprenons par le *Précurseur* de Lyon, que des avocats de cette ville ont pris la détermination de donner tour à tour, et jusqu'à la clôture définitive des listes, des consultations gratuites sur toutes les questions et les difficultés qui naîtront de la loi du 2 mai et des lois précédentes. Cet exemple est digne d'être imité. Il le sera sans doute.

» Dans les conjectures actuelles, tout citoyen doit à la chose publique le tribut de son temps, de ses soins, de ses lumières : il n'est point d'affaire plus sérieuse que celle dont il s'agit ; et cette affaire n'est pas seulement celle des Français à qui la loi donne le droit et impose le devoir de se faire inscrire sur les listes ; c'est celle de tous les Français sans exception : car il importe même au plus pauvre, au plus obscur, de savoir par qui seront élus les députés appelés à coopérer aux lois qui doivent le régir, par qui il sera jugé peut-être si une erreur le conduit sur les bancs d'une cour d'assises. Ce n'est pas tout de surveiller les opérations des agens de l'autorité chargés de dresser les listes, il faut encore avoir les yeux sur les citoyens investis de droits politiques, les exciter à user de ces droits, échauffer les tièdes, presser les négligens, rappeler à leurs devoirs ceux qui, par une paresse coupable, abdiqueraient un droit pour s'affranchir d'une charge.

» Aussitôt que les listes seront affichées, que tout Français s'impose la tâche de les lire avec attention, afin de s'assurer si elles ne contiennent pas d'erreurs ou d'omissions. Si l'on en découvre, qu'on se hâte d'en avertir les intéressés et l'administration ; que chacun veille à la conservation de ces listes et empêche qu'elles ne soient lacérées ou endommagées par accident ou par malveillance. L'article 3 de la loi du 2 mai porte que : « un exemplaire en sera déposé et conservé au secrétariat des mairies, des sous-préfectures et des préfectures, pour être donné en communication à *toutes les personnes* qui le requerront. Ainsi cette communication ne peut être refusée à personne, et il n'y a pas de titre à produire pour la réclamer. C'est dire qu'un droit égal appartient à tous, et que tous aussi ont un égal devoir à remplir. »

Concevez-vous, messieurs, les motifs de cette suppression. Les rédacteurs du *Journal de Commerce* croyant les avoir devinés, ont redoublé de soins pour faire parvenir à leurs lecteurs un avis sur les desseins présumables du ministère ; chaque jour un nouvel article était présenté à la censure, et toujours inutilement. Chacun de nous s'ingéniait pour trouver une tournure adroite ; on aiguisait son esprit et sa plume, on épuisait toutes les formes du langage. Tantôt l'idée était délayée dans un torrent de phrases, tantôt elle était resserrée dans un mot presque imperceptible, enchâssé lui-même dans une masse de lieux communs ; mais la censure démêlait l'artifice, et un ciseleur adroit enlevait la pierre précieuse, et ne nous laissait que l'argile. Cependant un jour (jour de triomphe) nous pûmes insérer, dans l'endroit le plus apparent de notre feuille, ces mots placés entre deux filets : « L'art. 50 de la Charte porte : « Le roi convoque chaque année » les deux chambres ; il les proroge, *et peut dissoudre celle des* » *députés des départemens ; mais, dans ce cas, il doit en convo-* » *quer une nouvelle, et dans le délai de trois mois.* » Nous fûmes bien heureux ce jour-là ; *le Constitutionnel* le fut moins que nous : il avait eu aussi l'idée d'introduire dans sa feuille l'art. 50 de la Charte ; mais la censure y avait fait main-basse comme sur un article de contrebande.

Cependant il ne fut bruit dans Paris que de l'article 50 de la Charte ; nos amis vinrent nous demander l'explication de ce mystère, et telle fut à peu près notre réponse : « L'obstination de la censure à interdire aux journaux toute conjecture fondée sur le droit que la couronne tient de l'article 50 de la Charte, donne beaucoup d'autorité aux bruits qui se répandent dans le public. Peut-être le ministère a-t-il en effet résolu de conseiller au roi de faire usage de sa prérogative avant la prochaine session ; peut-être ne faut-il pas chercher ailleurs les circonstances graves dont l'ordonnance du 24 août nous a fait un secret. L'événement nous découvre ainsi le piége subtil que le ministère avait caché dans son projet de loi sur l'organisation du jury, et qui a échappé à la pénétration des deux chambres. Qui pouvait, en effet, apercevoir, une relation entre le jury et la censure. Cette relation existe pourtant. Suivant l'article 4 de la loi du 17 mars 1822, la censure doit cesser de plein droit le jour où serait publiée une ordonnance qui prononcerait la dissolution de la chambre des députés. Cette disposition était une concession faite à l'opinion constitutionnelle qui craignait que l'administration n'abusât de la censure pour couvrir les fraudes dans la formation des listes ; et comme, selon les anciennes lois, les listes ne pouvaient être dressées qu'ensuite et en vertu de l'ordonnance de dissolution, cette disposition était en effet rassurante, et les citoyens pouvaient compter que les moyens de publicité ne leur manqueraient pas pour réclamer contre les erreurs et les abus du tourniquet. Aujourd'hui tout est changé ; la nouvelle loi, en confondant deux opérations distinctes de leur nature, a détruit la garantie laissée aux droits électoraux par l'article 4 de la loi du 17 mars. Voyez ce qui arrive : l'administration manipule les listes à l'ombre de la censure, rien ne la gêne ; elle peut faire et défaire des électeurs et des jurés tout à son aise ; et l'on peut juger, par la tolérance des censeurs en matière d'élection, si elle est disposée à permettre la publicité des griefs auxquels ses opérations pourraient donner lieu. Supposez maintenant, ce qui paraît plus que jamais probable, que les ministres conseillent à la couronne de dissoudre la chambre, que ses conseils soient approuvés, et que l'ordonnance de dissolution soit publiée après le 1er octobre : les journaux recouvreront leur liberté ; mais que leur servira-t-elle ? Ils battront en vain l'air de leurs cris ; le mal sera consommé, irréparable ; car les listes ne sont ouvertes, et les réclamations reçues que jusqu'au 30 septembre inclusivement. A compter du 1er octobre, le ministère pourra se moquer de nos doléances ; il aura ses faux électeurs, qui feront de faux députés, qui voteront de fausses lois durant une mortelle septennalité. Considérez sans épouvante, si vous pouvez, une telle perspective. Ne vous assurez pas sur la résistance de la chambre des pairs : la chambre des pairs perdra son titre à force d'alliage ; peut-être même le ministère sera-t-il conduit à dissoudre la chambre élective par suite d'une émission de pairs, pris dans le sein de cette chambre. Obligé, pour réparer ses pertes, de convoquer un grand nombre de colléges électoraux, et par là de compromettre plus ou moins sa majorité, autant vaut-il qu'il brusque tout de suite la chance d'une élection générale dont le succès lui promet une trève de sept ans. Ainsi donc, les conjonctures actuelles sont imminentes, décisives. Les bons citoyens n'ont pas un jour à perdre pour mettre leur patrie à l'abri du plus grand des malheurs : tout dépend de la composition des listes électorales. Ils ne peuvent plus compter sur la ressource des journaux ; qu'ils aient recours à la presse non périodique puisqu'elle est encore libre ; qu'ils forment des comités, qu'ils établissent des correspondances. Que tous les barreaux de France suivent le noble et patriotique exemple du barreau de Lyon. C'est ainsi qu'on peut encore déjouer les manœuvres ministérielles. »

Voilà, Messieurs, ce que nous disions et ce que nous entendions tour à tour : car le bruit de la prochaine dissolution de la chambre est maintenant répandu dans la France entière; deux ou trois journaux des départemens, moins asservis que les autres, en ont même glissé quelques mots. La *Gazette Universelle de Lyon* stimule le zèle de ses amis : « Qu'on se représente, dit-elle, des circonstances impérieuses exigeant inopinément la dissolution de la Chambre des députés, et rendant nécessaire une élection générale.... » Cette *Gazette de Lyon* paraît jouir d'une véritable liberté, et s'en sert quelquefois pour contrarier les desseins des ministres, elle trahit ses secrets en publiant prématurément les projets du parti dont elle est l'organe et dont le ministère n'est pas le maître. Elle nous apprend qu'il est question de substituer à la censure facultative « une institution judiciaire préventive, destinée à surveiller également les livres et les écrits périodiques. »

Ne vous étonnez pas, Messieurs, qu'on parle tant sous la censure ; parce que vous avez les oreilles bouchées, ne vous figurez pas qu'on ne dise rien, qu'on ne pense rien. Jamais la renommée n'est si active et si causeuse que quand on veut l'enchaîner et lui fermer la bouche : affranchie alors de tout frein et de toute retenue, elle parcourt la terre avec une inconcevable rapidité. Malheureusement alors, elle publie et accrédite également le vrai et le faux, rien n'est sacré pour elle. Depuis que vous êtes instiues, il n'est pas de jour, pas de lieu, où elle n'ait commis tous les délits prévus par les lois de 1819 et de 1822. Vous êtes vous-mêmes ses victimes de prédilection ; je ne saurais répéter ce qu'elle dit de vous sans m'attirer sur les bras cinq ou six procès en injure et en diffamation. Ainsi vous vous blessez avec vos propres armes, et vous blessez le pouvoir qui vous a confié ces armes pour le défendre. Que de conjectures sinistres et téméraires au sujet du camp de Saint-Omer ! que de commentaires indiscrets sur l'article 14 de la Charte, rappelé par le tribunal de Lille dans le jugement que j'ai cité plus haut ! que de contes absurdes à propos d'un prétendu message adressé à Rome afin d'obtenir que le pape relève la couronne du serment de Reims. Toutes ces fables seraient décriées en naissant par la publicité, elles prennent crédit à la faveur de la censure. On ne saurait trop répéter une vérité, que plusieurs de vous, Messieurs, ont proclamée dans leur bon temps. La liberté de la presse porte avec elle un remède aux blessures qu'elle fait. Il y avait du vrai dans cette métaphore de la lance d'Achille dont vos nobles et honorables amis d'autrefois nous ont tant rebattu les oreilles.

En conséquence et par les considérations ci-dessus déduites, les propriétaires et rédacteurs du *Journal du Commerce*, dont j'ai commission, requièrent qu'il vous plaise, Monsieur le président et Messieurs, attendu que l'ordonnance du 24 juin 1827, a été rendue illégalement et hors des circonstances prévues par l'article 4 de la loi du 17 mars 1822 ; que contrairement à l'article 1er du Code civil, elle a été mise à exécution avant d'être légalement connue ;

Attendu que l'exercice de la censure, depuis la publication de l'ordonnance royale qui ordonne la formation des listes des électeurs et des jurés, viole par le fait l'esprit de la disposition comprise dans le troisième paragraphe dudit article 4 de la loi du 17 mars 1822, puisque cette disposition a été votée dans la vue que la publicité des journaux fût assurée aux citoyens pour contrôler les opérations électorales, et surtout la formation des listes générales ;

Attendu qu'il résulte de faits prouvés que le bureau de censure a excédé son autorité et enfreint la loi de son institution, notamment en refusant de censurer la *France Chrétienne*, ce qui a eu pour effet de supprimer réellement ce journal ; qu'encore bien que cette usurpation n'atteigne pas personnellement les propriétaires et rédacteurs du *Journal du Commerce*, elle les place dans une situation précaire, et sous la menace d'un semblable excès de pouvoir;

Reconnaître et remontrer à Messeigneurs les ministres, que la religion du Roi a été surprise, et faire toute diligence pour obtenir la prompte révocation de l'ordonnance du 24 juin 1827;

Subsidiairement, et en attendant ladite révocation, faire à LL. EE. un rapport tendant à ce que les membres actuels du bureau de censure soient destitués de leurs fonctions; et enjoindre à leurs successeurs, s'il est possible d'en trouver, de se renfermer exactement dans les limites de leur autorité; après quoi et par les mêmes motifs, vous démettre vous-mêmes de vos fonctions,

Et vous ferez justice.

BERT.

POST-SCRIPTUM.

Article présenté à la censure pour le journal du 1er août et refusé.

ÉPICERIE. — SUCRES : Les transactions en sucre des Antilles n'ont pas eu à Bordeaux autant d'activité pendant la semaine expirée que pendant la précédente, par les prétentions élevées de quelques détenteurs, qui n'ont pas voulu vendre au-dessous de 84 fr. la bonne 4e; il n'y a eu que 350 bqs d'écoulées, en majeure partie pour la spéculation, les raffineurs craignant que leurs produits ne viennent pas en rapport.

Les bruts Bourbon ont éprouvé une nouvelle amélioration : on obtiendrait difficilement la bonne 4e à 83 fr.; plus de 2,500 sacs ont été traités sur cette base, et la presque totalité pour les ateliers de raffinerie.

Les sucres en pain sont en voie de hausse : il s'est fait quelques achats à 1 f. 25 c. la belle 2e; un lot s'est élevé à 1 f. 27 $\frac{1}{2}$; ce dernier prix, quoiqu'en proportion avec les matières premières, paraît si élevé, qu'on craint qu'il ne se maintienne pas.

Les basses matières se traitent relativement et avec facilité.

Une fort jolie partie de 117 sacs sucre Maurice a été payé 42 f. dans l'enr. réel. Il ne reste plus sur place de sucre de cette sorte.

On a entamé la cargaison du terré Havanne par le Joseph un : lot de 12 caisses blanc a obtenu 62 f. 50 c.

Au Hâvre, les sucres bruts n'ont pas cessé d'être en mouvement de faveur, malgré des arrivages d'environ 8,000 bqs dans la dernière quinzaine. Tous les achats sont basés à présent sur les prix de 90 à 91 f. la bonne 4e, et l'opinion assez générale les porte à une nouvelle augmentation. Nous ne pouvons pas parler de la confiance que quelques personnes manifestent de voir de plus hauts prix sous peu. Il y a sur place 100 caisses Havanne blanc dont on demande 60 f., et 90 à 100 caisses blond aussi tenues à 45 fr.

Nantes, Dunkerque et Marseille sont pareillement en hausse.

Cafés : Les cafés entreposés et notamment les Haïti ont repris quelque mouvement à Bordeaux ; on demandait et on demande encore 51 25 p. bon ord. et 50 p. ord.

Les St-Yago de Cuba sont d'une défaite facile : chaque jour il s'est fait quelques opérations à 65 p. le marchand.

Les Havane sont rares en qualités verdâtres : une centaine de sacs en bon ordinaire ont trouvé preneurs de 56 25 à 57 50. On en a reçu environ 1200 qx par le Joseph, et si la qualité est belle, on compte sur un prompt écoulement.

On a placé environ 500 sacs de Porto-Rico pour les besoins du dehors de 52 à 55 f. en ent.

Les Martinique et Guadeloupe ont éprouvé de la demande sans amélioration dans leurs prix.

Une partie de Bourbon vert se détaille à 1 f. 30 c. Les ordinaires sont offerts de 1 10 à 2 1250.

Au Hâvre, les transactions ont été de peu d'importance. On cite 1200 sacs environ d'Haïti à 52 50, 300 sacs Havane de bon ordinaire à petit marchand de 58 75 à 2 f. 60 ½ ; la consommation est très approvisionnée par les cafés des ventes publiques, et l'étranger ne demande que la belle marchandise, qui est toujours rare.

Épices : 11 balles girofle Bourbon se sont traitées au Hâvre à 1 12 5 entr. pour marchandise ordinaire. Cet article va lentement ; cependant les prix ont éprouvé une légère amélioration : on les paie 130 f. en ent. fictic.

Les poivres lourds paraissent mieux tenus sur la même place : diverses reventes se sont opérées à 107 f. 50.

Pour donner aux fabricans français, que l'exposition des produits de l'industrie réunit à Paris, une idée de la liberté que la censure se propose de laisser à l'examen de leurs travaux, nous citerons encore une des opérations.

Nous disions que c'était par la modicité des prix que nos manufacturiers acquerraient surtout une grande popularité; il nous a été défendu d'ajouter : *Il faut travailler pour le peuple, car nous sommes plus de peuples que de grands, et on achète plus de clous que de rubis.*

Une société de cotisation vient de se former pour éclairer par des publications libres, le pays sur ses véritables intérêts, et particulièrement sur la grande question des élections, qu'une dissolution prochaine de la chambre des députés, déjà arrêté, dit-on, en conseil des ministres, rend en ce moment la question de vie ou de mort du gouvernement représentatif. Le montant de chaque cotisation n'est pas fixé, toutes les sommes offertes seront reçues jusqu'à un minimum de 10 cent.

Le prospectus d'organisation sera incessamment distribué.

M. Jal va publier une brochure intitulée: *Lettre à M. le comte Corbière sur l'inquisition littéraire.*

FIN.

www.ingramcontent.com/pod-product-compliance
Lightning Source LLC
Chambersburg PA
CBHW060604050426
42451CB00011B/2074